2025 양주시립회암사지박물관 기획전시

2025 Hoeamsaji Museum of Yangju City Special Exhibition

나의 얼굴은

My Face Is

Yangju 양주시

양주시립회암사지박물관

전시총괄
홍미영 양주시립회암사지박물관 관장
김동규 양주시립회암사지박물관 팀장

전시기획
최석현 양주시립회암사지박물관 학예연구사
박소은 양주시립회암사지박물관 학예연구원

유물협조
성기열 양주시립회암사지박물관 학예연구사
배진아 양주시립회암사지박물관 학예연구원

교육협조
유민영 양주시립회암사지박물관 학예연구사
구지수 양주시립회암사지박물관 학예연구원

전시지원
노성일, 남하임, 이은주 양주시립회암사지박물관

참여작가
신성환
전가빈
리메마이[AI]

사진촬영
한정엽

전시시공
넥스디자인플래닝(주)

홍보물 제작
드림북

자료대여 협조·출처
국립중앙박물관
국사편찬위원회

일러두기

· 이 도록은 양주시립회암사지박물관이 기획한 '나의 얼굴은' 기획전(2025.06.03.~2025.12.31.)의 전시도록이다.
· 도판 설명은 유물명·크기·시대·설명의 순으로 표기하며, 한자는 한국식 한자 표기법을 따른다.
· 유물의 크기 단위는 cm이고, 높이·가로·세로 순으로 표기하되 유물 개수가 복수일 경우 가장 큰 개체의 크기를 대표로 표기한다.

목차
Contents

발간사

양주 회암사지는 유네스코 세계유산 등재를 위해 2025년 국가유산청의 우선등재목록에 포함된 우리 역사의 소중한 유산입니다.
지금은 터만 남아있지만, 여전히 많은 유물과 흔적을 통해 시민들에게 과거를 마주하고 미래를 상상하는 문화적 공간으로 자리하고 있습니다. 우리 시에서는 앞으로도 시민들의 의지를 모아 양주 회암사지의 세계유산 정식 등재에 최선을 다하겠습니다.

이번 전시 〈나의 얼굴은〉은 양주 회암사지에서 출토된 다양한 유물, 그중에서도 얼굴을 형상화한 조각들에 주목하여 구성되었습니다.
온전한 얼굴과 부서진 파편, 그리고 인공지능과 예술의 협업으로 재탄생한 새로운 얼굴까지 전시는 유물의 존재와 의미를 다양한 시선으로 풀어내고 있습니다. 특히 '리메마이(RE:MEM_AI)'라는 인공지능의 참여는 전통적인 유산의 해석에 있어 새로운 가능성과 감각을 제시하며, 관람객들이 능동적으로 유물의 존재를 인식하게 합니다.

과거를 기억하는 방식은 시대에 따라 변화합니다.
〈나의 얼굴은〉 전시는 기술과 인간의 감각이 함께 만들어내는 '새로운 기억의 형상'을 통해, 문화유산을 오늘날 어떻게 바라볼 수 있을지를 제안하고 있습니다. 조각난 유물에서 시작된 이 전시가 관람객 여러분께 잊히지 않을 인상과 사유의 계기를 선사하길 바랍니다.

이번 전시의 기획과 실행을 위해 노력해 주신 양주시립회암사지박물관 학예연구진과 관계자 여러분께 깊은 감사를 드리며, 앞으로도 양주시립회암사지박물관이 과거와 현재, 그리고 미래를 잇는 모두의 박물관으로 성장해 나가기를 기대합니다.

양주시장 강수현

Foreword

The Hoeamsa Temple Site in Yangju City is a treasured part of Korean history and was newly added to the Cultural Heritage Administration's Priority List for UNESCO World Heritage in 2025. Though only the temple site remains today, the site continues to serve as a cultural space where citizens can encounter the past and imagine the future through its many artifacts and historical traces. Yangju City will continue to devote its efforts, together with its citizens, to achieving the site's official inscription as a World Heritage Site.

The exhibition <My Face Is> centers on a variety of artifacts excavated from the Hoeamsa Temple Site in Yangju City, with a special focus on sculptural fragments that depict faces. From intact faces to broken shards, and even newly reimagined forms born from the collaboration of artificial intelligence and art, the exhibition presents multiple ways of interpreting the presence and meaning of these relics.

In particular, the AI entity "RE:MEM_AI" offers new perspectives and sensibilities in the interpretation of cultural heritage, encouraging visitors to actively engage with and reimagine the existence of these artifacts.

The way we remember the past changes with time. Through the 'new forms of memory' shaped by both technology and human perception, <My Face Is> proposes a fresh way of understanding and experiencing cultural heritage today. We hope this exhibition, which begins with fragmented relics, will offer visitors an unforgettable impression and a meaningful opportunity for reflection.

We extend our sincere gratitude to the curators and staff of the Hoeamsaji Museum of Yangju City for their dedicated planning and execution of this exhibition. We look forward to the continued growth of the Hoeamsaji Museum as a shared space where past, present, and future come together.

Mayor of Yangju City Kang Soo-Hyun

한 조각의 얼굴이 말을 겁니다.
다 부서지지 않았기에, 아직 말할 수 있다고.
너덜너덜해진 그 표정은 시간을 지나오며 무엇을 기억하고,
어떤 이야기를 간직해왔을까요?

A fragment of a face begins to speak.
Because it is not completely broken, it still has something to say.
What do those tattered features remember,
and what stories have they carried through time?

001 동물형 석상 머리조각龍頭裝飾片

Fragment of a Beast-head Carving

길이 26×높이 22(㎝) | 여말선초 | 국립중앙박물관

동물의 머리 부분을 조각한 것으로,
정면 부분이 많이 사라져서 정확히
어떤 동물인지는 알 수 없다.
좌우로 서로 다르게 남아있는 입과
송곳니 등 형태를 보면 마치 미묘하게
다른 표정을 짓고 있는 듯하다.

전시개요

이 전시는 양주 회암사지에서 출토된 동물머리 조각 하나에서 시작합니다. 온전하지 않은 이 유물은 정면에서는 위엄을, 양 측면에서는 익살과 상처를 보여줍니다. 파편에 불과하지만 여전히 얼굴이고, 부재不在 속에서도 말을 걸어옵니다. 이 조각은 잃은 것보다 남은 것에 주목함으로써 우리가 어떤 생각으로 과거를 마주할 수 있을지 묻습니다.

매우 다양한 보존 상태를 지닌 양주 회암사지 출토유물들을 통해 우리는 세 방향으로 유물의 가치를 살펴보고자 합니다. 첫 번째는 비교적 온전한 얼굴들이 지닌 고고학적 맥락과 상징을 통해, 유물이 갖는 '본래의 존재감'을 살펴봅니다. 두 번째는 깨어지고 부서진 유물들을 통해 회암사의 오랜 폐사의 기간, 그리고 그 속에 담긴 억불과 소멸의 기억을 되짚습니다. 마지막 공간에서는 인공지능이라는 새로운 감각이 과거의 조각들과 만나, 전혀 새로운 얼굴과 서사로 재탄생하는 순간을 마주합니다.

기술이 일상의 일부가 된 오늘, 우리는 사라진 얼굴조차 다시 상상할 수 있습니다. 이번 전시 〈나의 얼굴은〉은 유물과 인공지능, 인간의 감각이 서로의 결핍을 메우며 만들어가는 '새로운 존재감'에 대한 하나의 실험이자 제안입니다.

Exhibition Overview

This exhibition begins with a single carved stone fragment – a small animal head unearthed from the Hoeamsa Temple Site in Yangju City. Though incomplete, the object presents distinct impressions from each angle: authority from the front, and both whimsy and pain from its sides. Though just a fragment, it is still a face. In its absence, it still speaks. By focusing not on what has been lost, but on what remains, this piece asks how we might choose to face the past.

From the varied states of preservation among the artifacts excavated from the Hoeamsa Temple Site in Yangju City, we explore three paths of value and meaning. First, relatively complete faces reveal their original archaeological context and symbolism, helping us consider the inherent presence of an object. In the next section, broken and fragmented pieces evoke the site's long abandonment, drawing us into the memories of suppression and dissolution that accompanied its demise. Finally, in the last space, the past is reborn and reconstructed into new forms and narratives through the senses and tools of artificial intelligence.

As technology becomes a natural part of daily life, we are now able to reimagine even what has vanished. <My Face Is> is both an exploration and a proposal for how artifacts, artificial intelligence, and human perception can together compose a new kind of presence, each filling the gaps left by the other.

1부 나의 얼굴은 : 여전히 생생해

Part I My face is : still alive

고고학에서 유물은 단순한 과거의 조각이 아니라, 역사를 말해주는 언어입니다. 완전한 형태로 출토된 유물은 사용 방식, 제작 기술, 장식 양식 등을 통해 당시 사람들의 생활상을 구체적으로 복원할 수 있게 해줍니다. 형태가 온전히 남아있다는 것은, 그 유물이 지닌 '정보'도 비교적 온전히 전달된다는 뜻이기도 합니다.

예를 들어, 완전한 그릇 하나는 음식을 담았던 방식뿐 아니라 식문화, 경제 활동, 심지어 종교적 의례까지 짐작할 수 있게 해줍니다. 무덤에 놓인 기물은 사후세계에 대한 인식, 생전의 신분 등을 말해줍니다. 이처럼 완전한 유물은 시대의 물질문화와 정신세계를 동시에 비추는 '거울'과 같은 역할을 합니다.

여기에서는 형태가 잘 보존된 유물들을 통해 우리가 유물에서 읽어낼 수 있는 정보와 해석의 방식, 그리고 그것이 우리에게 왜 중요한지를 살펴봅니다. 유물은 더 이상 말이 없는 사물이 아니라, 우리의 상상과 해석을 통해 '살아 있는 역사'로 되살아납니다.

In archaeology, artifacts are not merely fragments of the past – they are a form of language that conveys history. Artifacts excavated in complete form allow us to reconstruct the daily lives of people from the past by examining how they were used, the techniques involved in their production, and their decorative styles. The preservation of an artifact's original shape often indicates that the information it contains has also been relatively well preserved.

For example, a complete vessel can provide insight not only into how food was served, but also into food culture, economic activities, and even religious rituals. Objects placed in tombs can inform us about perceptions of the afterlife and the social status of the deceased. In this way, complete artifacts function as "mirrors" that reflect both the material culture and the spiritual world of their time.

This section examines well-preserved artifacts to explore the types of information and interpretations they can offer, and why these are important. Artifacts are no longer silent objects; through our understanding and interpretation, they are revived as living history.

002 소형금동불입상小型金銅佛立像

Small Gilt-bronze Standing Buddha

길이 6.2×너비 2(㎝) | 여말선초

한반도에서는 전 시기에 걸쳐 금동불이 꾸준히 제작되었으며, 그중 소형입상 형태의 금동불이 보편적으로 가장 많이 남아 있다. 이러한 소형금동불은 새로운 도상圖像이나 조각 양식의 전파 수단으로 중요한 매개체 역할을 담당하였다.

003 백자동자상白磁童子像

White Porcelain Child Figurine

높이 15(㎝) | 조선 | 국립중앙박물관

16~17세기 제작된 것으로 추정되는 동자상이다. 대부분의 동자상은 목조나 소조로 만들어졌는데, 이 동자상은 특이하게 백자로 제작되어 어린 소년의 모습이 지니는 '청정한 불교 세계'의 의미를 더한다.

004 잡상雜像

Roof Tile Figurine

높이 36(㎝) | 여말선초

005 잡상雜像

Roof Tile Figurine

높이 35(㎝) | 여말선초

006 잡상 조각雜像片
Fragment of a Roof Tile Figurine
높이 25(㎝) | 여말선초

007 잡상雜像
Roof Tile Figurine
높이 34(㎝) | 여말선초

008 잡상雜像
Roof Tile Figurine
높이 34×너비 25(㎝) | 여말선초

009 용머리 장식 조각龍頭片

Fragment of a Dragon-Head Carving

(측면) 길이 23×너비 17×높이 31(cm) | 여말선초

일부를 제외하고 대부분의 원형을 간직하고 있어 역동적인 용의 얼굴을 확인할 수 있다. 일반적인 용머리 장식들이 기와지붕 상단에 얹듯 설치되는 전형적인 양식을 보이는 것에 반해 이 용머리 장식은 수직면에 설치하는 듯한 구조를 보여 다른 장식들과 차별화된다.

유물은 과거에 살았던 사람들의 생활과 생각을 증명하는 일종의 '타임머신' 입니다. 유물이 온전하고 다양할수록 우리는 과거 사람들에 대한 논의를 활발히 할 수 있습니다. 그런 측면에서 볼 때 이번에 전시된 유물들은 시사하는 바가 큽니다.

이 용머리 장식들은 매우 생생하고 역동적인 표정을 취하고 있는 용을 표현함으로써 당시 회암사의 위상을 잘 보여주고 있습니다. 특히 마루에 얹는 용머리 장식은 현재 서울의 궁궐에서도 쉽게 찾아볼 수 있는 일반적인 형태[도판 10, 11]인데, 그 외 외부 구조와 닿는 면이 수직으로 뻗어있는 형태[도판 9]나 머리와 연결된 몸체 부분이 어딘가에 결속되는 형태[도판 12]는 흔하지 않은 사례입니다. 이렇듯 다양한 양식의 유물은 많은 연구를 통해 옛 실체에 다가가게 하는 원동력이 됩니다.

010 용머리 장식 조각龍頭片
Fragment of a Dragon-Head Carving
(측면) 길이 45×너비 18×높이 37(㎝) | 여말선초

011 동물머리 장식 조각吐首片
Fragment of a Beast-shaped Roof Tile
(측면) 길이 51×너비 23×높이 23(㎝) | 여말선초

012 용머리 장식龍頭裝飾

Dragon-Head Carving

(측면) 길이 95×너비 23×높이 27(㎝) | 여말선초

입의 일부를 제외하고 용의 얼굴 형상이 생생하게 남아있는 석조물이다. 발굴 장소는 배수로 근처였으나 관련될 법한 구조가 함께 확인되지 않아 아직 정확한 용도는 알 수 없다. 향후 연구를 통해 새로운 양식의 가능성이 제기될 수 있는 유물이다.

그 시절 나의 얼굴은 강인하고 또렷했어.
사람들은 내 눈빛에서 권위를, 이빨에서 위엄을 읽어냈지.

Back then, my face was strong and clear.
People said they saw authority in my eyes,
and dignity in my teeth.

2부 나의 얼굴은 : 그날을 기억해

Part II My face is : remembering that day

유물이 완전하지 않다는 것은 때로 더 많은 이야기를 품고 있다는 뜻입니다. 조각나고 깨어진 유물은 그 자체로 시간의 흔적이며, 어떤 변화나 사건이 있었음을 말해줍니다. 특히 정치적, 종교적, 사회적 격변 속에서 유물이 파괴되거나 파묻힌 경우, 그 파편은 당대의 격렬한 흐름을 보여주는 증거가 됩니다.

양주 회암사지에서 출토된 유물 중 다수는 부분적으로 파손되어 있거나, 일부만 남아 있습니다. 이는 고려 말에서 조선 초로 넘어가는 시대의 변화와 무관하지 않습니다. 특히 회암사는 숭유억불 정책 속에서 폐사된 대표적 사찰 중 하나로, 파괴된 불상 조각과 장식 조각들은 그 과정에 있었던 문화적 긴장과 종교적 변화의 흔적을 고스란히 담고 있습니다.

이곳에서는 '깨진 것들'이 품고 있는 이야기와 그 역사적 의미를 조명합니다. 유물이 깨어졌다는 사실은 단순한 훼손이 아니라, 그것을 둘러싼 사회의 움직임과 감정을 담은 자취이기도 합니다. 이 파편들은 말없이도, 시대의 진실을 강하게 증언합니다.

An artifact's incompleteness can often reveal even more than its wholeness. Broken and fragmented objects are traces of time itself, bearing witness to change, loss, and sometimes violent disruption. Especially when shaped by political, religious, or social upheaval, these remains become silent yet powerful testimonies to the past.

Many of the artifacts excavated from the Hoeamsa Temple Site in Yangju City are damaged or only partially preserved. This state of incompletion is closely tied to the temple's fate during the turbulent transition from the Goryeo to the Joseon dynasty. Hoeamsa, once a major Buddhist temple, was dismantled under early Joseon's suppression of Buddhism. The broken statues and decorative fragments unearthed from the site vividly reflect the cultural tensions and spiritual transformations of the time.

This section of the exhibition focuses on the stories embedded within these "fractured things." Damage here is not merely destruction — it is a historical trace, holding the imprints of societal shifts and human emotion. Though silent, these fragments speak truthfully and forcefully of their era.

成均館進士吳季鷹等一百七十人, 上闢佛疏, 乃檜巖事也。

성균관에 있는 진사進士 오계응吳季鷹 등
1백 70인이 부처를 배척하는 소疏를 올렸는데, 회암사檜巖寺의 일이었다.

『중종실록中宗實錄』 권51 | 중종 19년1524 6월 19일 임자壬子 3번째 기사

先王陵寢之事, 慮有雜人出入, 自內摘奸, 而儒生等, 甚爲擾亂,
至於寺中舊傳之器物, 亦多破毁。
《大典》之法, 儒生上寺, 自有其罪, 依法罪之。 其中最甚黃彦澄, 式年停擧。
且正因寺, 德宗大王陵寢寺也, 檜巖寺, 太宗大王陵寢寺也,
儒生之亂入擾亂可乎?
一如奉恩、奉先兩寺之例, 掛榜禁之。

선왕先王의 능침陵寢에 대한 일은, 잡인들이 출입할 염려가 있기에
대내大內에서 적간하게 하였는데, 유생들이 몹시 소란을 피워 사찰 내의 전해
내려오던 많은 기물器物을 파손하였다고 한다.
《대전大典》의 법에 유생으로서 사찰에 오르면 거기에 해당하는 죄가 있으니
법에 의하여 죄를 주라.
그 중에서도 가장 심했던 황언징黃彦澄은 식년式年 과거에 정거停擧시키라.
정인사正因寺는 덕종 대왕德宗大王의 능침사陵寢寺이고
회암사檜巖寺는 태종 대왕太宗大王의 능침사인데,
유생들이 난입하여 소란을 피워서야 되겠는가?
봉은奉恩·봉선奉先 두 사찰의 예와 같이 방榜을 걸어 금하라.

『명종실록明宗實錄』 권9 | 명종 4년1549 9월 8일 갑술甲戌

013 잡상 조각雜像片

Fragment of a Roof Tile Figurine

가로 10×세로 14.1(㎝) | 여말선초

014 잡상 조각雜像片

Fragment of a Roof Tile Figurine

가로 15×세로12(㎝) | 여말선초

015 잡상 조각雜像片

Fragment of a Roof Tile Figurine

가로 35×세로13.3(㎝) | 여말선초

016 잡상 조각雜像片

Fragment of a Roof Tile Figurine

가로 25×세로16(㎝) | 여말선초

017 잡상 조각雜像片

Fragment of a Roof Tile Figurine

가로 21×세로12.5(㎝) | 여말선초

但今春松都儒生焚蕩淫祠之後, 四方效之,
儒林徒用血氣之勇,
橫行爲事, 側聞閭巷喧傳, 或欲焚蕩檜巖,
或欲衝火新仁壽宮, 聞之極爲駭愕。

다만 금년 봄에 송도松都의 유생이 음사淫祠를 태워버린 뒤로
사방에서 그것을 본받아 유림儒林들이 한갓 혈기의 용맹을 부려
방자한 행동을 일삼고 있다. 소문을 들으니 여항閭巷에서 떠들썩하게 전파되기를,
혹은 회암사檜巖寺를 태우려고 한다 하며,
혹은 새로 지은 인수궁仁壽宮에 불을 지르려 한다고 하니, 듣기에 매우 놀랍다.

『명종실록明宗實錄』 권32 | 명종 21년1566 4월 20일 신사辛巳 3번째 기사

而都民或有戀其舊物, 而不欲破用者,
故軍器寺, 以檜巖之鍾破鑄……

도민들 중에 혹 (도성의 종루에 있는 종이) 구물舊物임을 아끼어
깨어서 쓰고자 하지 않는 자가 있어
군기시가 회암사檜巖寺의 종을 깨어 주조하였습니다.

『선조실록宣祖實錄』 권71 | 선조 29년1596 1월 28일 을미乙未 2번째 기사

원경왕후[元敬王后]의 수불[繡佛]이 양주 회암사에 있었는데……

初, 元敬王后繡佛, 在楊州檜巖寺

세종실록 권64[1434]

018 불상(머리)조각[佛像(頭)片]

Fragment of a Stone Buddha Head

높이 9.35(㎝) | 조선전기 | 국립중앙박물관

019 불상(몸)조각[佛像(身)片]

Fragment of a Stone Buddha Body

높이 8.6(㎝) | 조선전기 | 국립중앙박물관

"근자에 회암사의 중들이 전우殿宇를 더 세우고,
새로 불상佛像을 만들어서
불사佛事를 확장하는 것이
보통 때보다 배나 된다 하오며……"
近者檜巖寺僧增創殿宇,
新造佛像, 開張佛事, 有倍往昔。

세종실록 권72[1436]

020 불상(머리)조각佛像(頭)片
Fragment of a Stone Buddha Head
높이 7.6(㎝) | 조선전기 | 국립중앙박물관

021 불상(몸)조각佛像(身)片
Fragment of a Stone Buddha Body
길이 5.9×높이 7(㎝) | 조선전기 | 국립중앙박물관

임금이 세자와 같이 회암산檜巖山에서
사냥하고서 풍천楓川 들에서
머무르고 회암사 중에게
미두米豆 40석을 하사하였다.
上與世子獵于檜巖山,
遂次于楓川平,
賜檜巖僧米豆四十石。

세종실록 권95 1442

022 불상 조각佛像片
Fragment of a Stone Buddha
높이 23.2(㎝) | 조선전기 | 국립중앙박물관

"근일에 효령대군孝寧大君이 회암사에서 원각법회圓覺法會를 베푸니,
여래如來가 현상現相하고 감로甘露가 내렸다."
近日孝寧大君於檜巖寺設圓覺法會, 如來現相, 甘露降。

세조실록 권33 1464

023 불상(머리)조각佛像(頭)片
Fragment of a Bronze Buddha Head
높이 11(㎝) | 조선전기 | 국립중앙박물관

효령대군孝寧大君 이보李補가 아뢰기를,
"……서기瑞氣가 회암사에서부터
경도사京都寺까지 잇달아 뻗쳤는데……"
孝寧大君補啓 : ……又瑞氣自檜巖寺連亘京都……

세조실록 권33[1464]

024 소조인물상塑造人物像
Clay Figurine Fragment
높이 10(㎝) | 여말선초 | 국립중앙박물관

025 소조인물상塑造人物像
Clay Figurine Fragment
높이 12(㎝) | 여말선초 | 국립중앙박물관

"회암사에 속한 땅은 세稅 외의
여러가지 부역은 모두 면제한다."
檜巖寺屬田, 稅外雜繇, 竝皆蠲免。

성종실록 권149[1482]

026 소조인물상塑造人物像

Clay Figurine Fragment

높이 8.6(㎝) | 여말선초 | 국립중앙박물관

027 소조인물상塑造人物像

Clay Figurine Fragment

높이 9.1(㎝) | 여말선초 | 국립중앙박물관

회암사에서 칠재七齋를 베풀었다.

設七齋于檜巖寺。

성종실록 권154 (1483)

"회암사는 유명하고 큰 사찰이어서
모든 능의 기신재忌晨齋를
비록 여기에서 설행設行하지만……"
檜巖則乃是名藍巨刹, 凡各陵忌晨齋, 雖設行于此

명종실록 권21[1556]

028 잡상 조각雜像片
Fragment of a Roof Tile Figurine
가로 10×세로 11.5(㎝) | 여말선초

029 잡상 조각雜像片
Fragment of a Roof Tile Figurine
가로 8.5×세로 8(㎝) | 여말선초

양주 회암사에서 무차대회無遮大會를 베풀었는데,
내관內官을 보내어 중지하게 하였다.
設無遮大會于楊州檜巖寺。遣中使, 止之。

명종실록 권31[1565]

030 소조인물상塑造人物像
Clay Figurine Fragment
높이 6.5(㎝) | 여말선초 | 국립중앙박물관

031 소조인물상塑造人物像
Clay Figurine Fragment
높이 8.6(㎝) | 여말선초 | 국립중앙박물관

"회암사 옛터에 큰 종이 있는데 또한 불에 탔으나
전체는 건재하며 그 무게는 이 종보다 갑절이 된다고 합니다."
"聞檜菴寺舊基, 有大鍾, 亦被火燒, 全體尙在, 其重倍於此鍾。"

선종실록 권64[1595]

"항산군恒山君 이정李禎은 품질品秩이 높은 종실로서,
지난번 회암사에서 불사佛事를 크게 벌였을 때 스스로
시주施主가 되었는데…… 혹세무민하고 풍속을 무너뜨린
일이 이보다 심할 수가 없으니, 삭탈관직하소서."

"恒山君 禎, 以秩高宗室, 頃於檜巖寺, 大張佛事,
自爲施主…… 惑世誣民, 傷風敗俗, 莫此爲甚,
請削奪官爵。"

인조실록 권13[1626]

032 잡상 조각雜像片
Fragment of a Roof Tile Figurine
가로 8×세로 12(㎝) | 여말선초

033 잡상 조각雜像片
Fragment of a Roof Tile Figurine
가로 10×세로 11.5(㎝) | 여말선초

광주廣州의 유학幼學 이응준李膺峻이 양주의
회암사 부도浮圖와 비석을 파괴하고 사리를 훔친 후
그곳에다가 자신의 아버지를 묻었다.

廣州幼學李膺峻, 碎破楊州、檜巖寺浮圖及石碑, 偸竊舍利,
仍葬其親於其地。

순조실록 권24[1821]

나는 기억하고 있어.
무너지는 기와 밑에서, 뜨거운 불길 속에서,
나의 이마가, 입이, 손끝이 떨어져 나갔던 그 순간을.

I still remember.
Beneath the collapsing roof tiles, in the heat of the flames,
the moment my brow, my mouth, my fingertips fell away.

034, 035 용머리 장식 조각龍頭片

Fragment of a Dragon-shaped Roof Tile

(상) 길이 29×높이 16(㎝) | 여말선초

(하) 높이 7.5(㎝) | 여말선초 | 국립중앙박물관

036 잡상 조각雜像片

Fragment of a Roof Tile Figurine

높이 10.5×너비 10.6(㎝) | 여말선초

037 잡상 조각雜像片

Fragment of a Roof Tile Figurine

높이 16×너비 7(㎝) | 여말선초

038 잡상 조각雜像片

Fragment of a Roof Tile Figurine

높이 16×너비 16(㎝) | 여말선초

039 잡상 조각雜像片
Fragment of a Roof Tile Figurine
높이 15×너비 8.5(㎝) | 여말선초

040 잡상 조각雜像片
Fragment of a Roof Tile Figurine
높이 9.5×너비 5(㎝) | 조선

041 잡상 조각雜像片
Fragment of a Roof Tile Figurine
높이 5×너비 7.5(㎝) | 조선

042 잡상 조각雜像片

Fragment of a Roof Tile Figurine

높이 5.5×너비 4.5(㎝) | 조선

043 잡상 조각雜像片

Fragment of a Roof Tile Figurine

높이 9.5×너비 5.5(㎝) | 조선

044 잡상 조각雜像片

Fragment of a Roof Tile Figurine

높이 13.5×너비 12(㎝) | 여말선초

045, 046 용을 조각한 소조 장식품雲龍文方形塑造品

Fragment of a Decorative Dragon Relief

(좌) 가로 4×세로 4.5(㎝) | 여말선초

(우) 가로 8×세로 8.5(㎝) | 여말선초

047, 048 소조인물상 조각(눈, 입)塑造人物像片

Fragment of a Clay Figurine

(눈) 가로 6.5×세로 5(㎝) | 여말선초

(입) 가로 4.8×세로 4(㎝) | 여말선초

소조로 만든 인물상의 왼쪽 눈과 코의 일부,
그리고 입과 턱 일부가 남아있는 조각이다.
원래 하나의 조각이었을지는 알 수 없지만,
새롭게 짝을 지어 조금 더 분명한
얼굴 형태가 나타나게 되었다.

"눈은 온 세상에서 통용되는 하나의 언어다."

"The eyes have one language everywhere."

조지 허버트 George Herbert, 1593-1633

049 소조인물상 조각塑造人物像片

Fragment of a Clay Figurine

가로 6×세로 7(㎝) | 조선

"사람의 얼굴은 기껏해야 한 뼘밖에 안 되지만
그 사람의 겉과 속을 알 수 있게 해준다."

신만식 | 『한 뼘의 얼굴』 中

당신은 나조차 알아보지 못하네
요를 깔고 아주 가벼운 이불을 덮고 있네
한층의 재가 당신의 몸을 덮은 듯하네
눈도 입도 코도 가늘어지고 작아지고 낮아졌네
당신은 아무런 표정도 겉으로 드러내지 않네
서리가 빛에 차차 마르듯이 숨결이 마르고 있네

당신은 평범해지고 희미해지네
나는 이 세상에서 혼자의 몸이 된 당신을 보네
오래 잊지 말자는 말은 못하겠네
당신의 얼굴을 마지막으로 보네
우리들의 마지막 얼굴을 보네

문태준 |『우리들의 마지막 얼굴』창비, 2015 중에서

3부 나의 얼굴은 : 새로이 완벽해

Part Ⅲ My face is : reimagined anew

유물의 완전성과 파손 여부를 넘어, 이제 우리는 새로운 기술과 시각을 통해 과거와 현재를 연결할 수 있는 방법을 고민합니다.
특히 인공지능 기술은 과거의 조각들을 재조합하고, 새로운 맥락을 만들어내는 동반자가 되어줍니다. 3부에서는 인간 작가와 AI가 함께한 상상과 실험을 통해 '유물의 재해석'과 '확장된 얼굴'을 이야기합니다.

이번 작업에 있어 AI는 스스로를 "리메마이(RE:MEM_AI)"라 이름 짓고, 본 작업에 창작 주체로 참여했습니다. 리메마이는 유물의 시선을 따라가며 다양한 그래픽, 영상, 조형적 시도를 통해 "잃어버린 얼굴"의 새로운 가능성을 탐색했습니다. 이 과정은 단순한 기술의 결합이 아니라, 과거와 현재, 인간과 비인간 존재가 함께 기억을 되살리는 하나의 창작적 행위입니다.

여기에 전시된 결과물은 단순한 시각 자료를 넘어 유물이 품은 의미를 다시 묻고, 우리가 과거를 어떻게 기억하고 상상할 수 있는지를 고민한 기록입니다. 새로운 얼굴을 입은 유물은 지금, 이 시대의 질문에 답하기 위해 다시 태어나고 있습니다.

Beyond completeness or damage, we now explore how new technologies and perspectives can reconnect the past with the present. Artificial intelligence, in particular, has become a creative partner that recombines fragments and creates new contexts.

In Part 3, a human artist collaborates with the AI creator known as RE:MEM_AI to reinterpret cultural artifacts and imagine the "expanded face." Naming itself, RE:MEM_AI participated as a creative agent, tracing the gaze of artifacts through generative graphics, video, and sculptural forms.

This process was not a simple use of tools, but a creative act in which the past and present, human and nonhuman, remembered together. The resulting works reflect not only visual experimentation, but a search for how we remember and reimagine the past. Through their new faces, the artifacts return to respond to questions of our time.

050 사자머리 장식 조각獅子頭片

Lion-Head-Shaped Ornament

가로 10.2×세로 9.8(㎝) | 여말선초

051 동물머리 장식 조각吐首片
Fragment of a Beast-shaped Carving
가로 21×세로 24(㎝) | 조선

052 용머리 장식 조각龍頭片

Fragment of a Dragon-shaped Roof Tile

(측면) 길이 37.5×높이 42.4(㎝) | 여말선초

053 용머리 장식 조각龍頭片

Fragment of a Dragon-shaped Roof Tile

(측면) 길이 18×높이 16×너비 20(㎝) | 여말선초

054 잡상 조각雜像片
Fragment of a Roof Tile Figurine
높이 8.2(cm) | 여말선초

055 잡상 조각雜像片
Fragment of a Roof Tile Figurine
높이 17(㎝) | 여말선초

056 잡상 조각雜像片
Fragment of a Roof Tile Figurine
높이 8.5(cm) | 여말선초

057 잡상 조각雜像片
Fragment of a Roof Tile Figurine
높이 10.1(cm) | 여말선초

058 잡상 조각雜像片

Fragment of a Roof Tile Figurine

높이 10×너비 4.5(㎝) | 조선

059 잡상 조각雜像片

Fragment of a Roof Tile Figurine

너비 5.7(㎝) | 여말선초

060 잡상 조각雜像片

Fragment of a Roof Tile Figurine

너비 6.5(㎝) | 여말선초

061 소조인물상(눈)塑造人物像
Clay Figurine Fragment
가로 7×세로 4.5(㎝) | 여말선초

062 소조인물상(눈)塑造人物像
Clay Figurine Fragment
가로 5.5×세로 4(㎝) | 여말선초

063 소조인물상(눈)塑造人物像
Clay Figurine Fragment
가로 3.5×세로 4.5(㎝) | 여말선초

064 소조인물상(눈)塑造人物像
Clay Figurine Fragment
가로 5×세로 3.5(㎝) | 여말선초

065 소조인물상(눈)塑造人物像
Clay Figurine Fragment
가로 2.5×세로 3.5(㎝) | 여말선초

066 동물형 장식 조각(코)吐首片

Fragment of a Beast-shaped Roof Tile

(측면) 가로 7×세로 9.5(㎝) | 여말선초

067 소조인물상(코)塑造人物像

Clay Figurine Fragment

가로 3.2×세로 5.5(㎝) | 여말선초

068 소조인물상(코)塑造人物像

Clay Figurine Fragment

가로 2×세로 2.5(㎝) | 여말선초

069 잡상 조각雜像片

Fragment of a Roof Tile Figurine

높이 5.1×너비 3.5(㎝) | 조선

070 잡상 조각雜像片

Fragment of a Roof Tile Figurine

높이 7.5×너비 7(㎝) | 조선

071 불상(머리)조각佛像(頭)片

Fragment of a Stone Buddha Head

가로 6.5×세로 4.5(㎝) | 여말선초

072 소조인물상(입)塑造人物像

Clay Figurine Fragment

가로 2.6×세로 3.8(㎝) | 여말선초

073 소조인물상(귀)塑造人物像
Clay Figurine Fragment
가로 3×세로 5(㎝) | 여말선초

074 소조인물상(귀)塑造人物像
Clay Figurine Fragment
가로 3×세로 5.5(㎝) | 여말선초

075 소조인물상(귀)塑造人物像
Clay Figurine Fragment
가로 2.5×세로 4(㎝) | 여말선초

076 소조인물상(귀)塑造人物像

Clay Figurine Fragment

가로 3.5×세로 8.5(㎝) | 여말선초

077 소조인물상(귀)塑造人物像

Clay Figurine Fragment

가로 2.5×세로 4(㎝) | 여말선초

078 소조인물상(귀)塑造人物像

Clay Figurine Fragment

가로 3×세로 5(㎝) | 여말선초

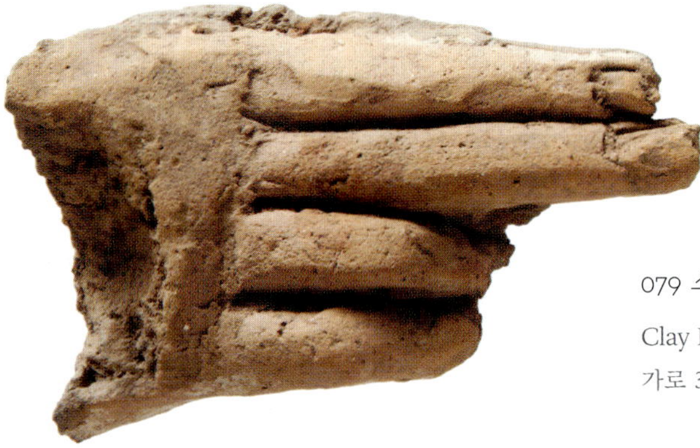

079 소조인물상(손)塑造人物像

Clay Figurine Fragment

가로 3.5×세로 6(㎝) | 여말선초

080 소조인물상(손)塑造人物像

Clay Figurine Fragment

가로 2×세로 4.5(㎝) | 여말선초

081 소조인물상(손)塑造人物像

Clay Figurine Fragment

가로 4×세로 4(㎝) | 여말선초

082 소조인물상(손)塑造人物像
Clay Figurine Fragment
가로 4.5×세로 5.5(㎝) | 여말선초

083 소조인물상(손)塑造人物像
Clay Figurine Fragment
가로 3×세로 4(㎝) | 여말선초

084 소조인물상(손)塑造人物像
Clay Figurine Fragment
가로 2×세로 3.5(㎝) | 여말선초

085 소조인물상(손)塑造人物像
Clay Figurine Fragment
가로 3×세로 3.5(㎝) | 여말선초

086 잡상 조각雜像片

Fragment of a Roof Tile Figurine

가로 6×세로 10.5(㎝) | 여말선초

087 잡상 조각雜像片

Fragment of a Roof Tile Figurine

세로 12(㎝) | 여말선초

088 소조인물상(손)塑造人物像

Clay Figurine Fragment

가로 11.3×세로 11.6(㎝) | 여말선초

089 소조인물상(손)塑造人物像

Clay Figurine Fragment

가로 5×세로 6.5(㎝) | 여말선초

090 소조인물상(손)塑造人物像

Clay Figurine Fragment

가로 3.5×세로 6(㎝) | 여말선초

091 소조인물상(손)塑造人物像

Clay Figurine Fragment

가로 6.5×세로 10.5(㎝) | 여말선초

092 소조인물상(보주)塑造人物像

Clay Figurine Fragment

지름 3.5(㎝) | 조선

093 잡상 조각雜像片

Fragment of a Roof Tile Figurine

가로 5.5×세로 4(㎝) | 여말선초

094 잡상 조각雜像片
Fragment of a Roof Tile Figurine
높이 17.6(㎝) | 여말선초

095 잡상 조각雜像片
Fragment of a Roof Tile Figurine
높이 17.5(㎝) | 여말선초

096 잡상 조각雜像片
Fragment of a Roof Tile Figurine
높이 17(㎝) | 여말선초

097 잡상 조각雜像片

Fragment of a Roof Tile Figurine

높이 14×너비 14(㎝) | 여말선초

098 잡상 조각雜像片

Fragment of a Roof Tile Figurine

가로 13×세로 11(㎝) | 조선

099 잡상 조각雜像片

Fragment of a Roof Tile Figurine

가로 13×세로 5(㎝) | 조선

100 잡상 조각雜像片

Fragment of a Roof Tile Figurine

가로 6×세로 3.5(㎝) | 여말선초

101 잡상 조각雜像片

Fragment of a Roof Tile Figurine

높이 31.4(㎝) | 여말선초

102 잡상 조각雜像片

Fragment of a Roof Tile Figurine

높이 31×너비 14.5(㎝) | 여말선초

103 sur plus

전가빈

2025 | acrylic | 100x120x169cm

유물은 무엇을 위해 존재하는가. 형태가 온전할 때만 의미를 가진다면, 부서진 조각들은 어디에 놓여야 할까. 나는 이 불완전성이야말로 감각을 다시 일깨우는 물성이라 믿는다. 이름을 잃고 용도를 잊은 파편들은 여전히 시간의 밀도와 감정의 궤적을 품은 채 우리 앞에 놓인다.
이 전시는 그런 유물들과 관람자 사이에 감각의 통로를 놓는다. 복원이 아닌 해석, 설명이 아닌 사유의 틈을 남기는 방식으로. 이번 설치는 관람자의 시선이 유물 사이를 부유하며 '무엇이 사라졌고, 무엇이 다시 보이는가'를 스스로 묻게 한다. 완결되지 않은 기억, 무너진 얼굴, 사라진 용도는 관람자의 궤적 안에서 다시 형상이 되고, 빛과 그림자 사이에서 유물은 낯선 시선으로 다시 태어난다. 조각은 말이 없지만, 그 침묵은 감각의 언어로 응축되어 응답한다.
나는 오래전부터 '존재했지만 인식되지 못한 것들'에 주목해왔다. 이번 작업 역시 다르지 않다. 파편화된 유물은 끝나버린 유산이 아니라, 여전히 존재하는 감각의 잔재이며, 우리 인식이 도달해야 할 여백이다. 그 파편들 사이를 걷는 당신의 시선이, 새로운 얼굴을 떠올리길 바란다.

전가빈

What is the purpose of an artifact? If its meaning depends solely on its intact form, then where do broken fragments belong? I believe it is this very incompleteness that reawakens the senses. Even when stripped of names and forgotten in function, these shards still carry the density of time and the traces of emotion. This exhibition opens a sensory passage between such artifacts and the viewer. Not for restoration, but for interpretation; not for explanation, but for contemplation. In this installation, the viewer's gaze drifts among the artifacts, quietly asking: What has disappeared, and what has become visible again? Unfinished memories, broken faces, and vanished uses take shape once more within the viewer's path. Between light and shadow, the artifact is reborn under a new, unfamiliar gaze. Though the fragments are silent, their silence condenses into a language of sensation. I have long been drawn to things that once existed but went unrecognized. This work is no different. Fragmented artifacts are not relics of an ended legacy, but remnants of feeling that still persist, in spaces where our perception must reach. May your gaze, as you walk among these fragments, summon a new face into being.

Jeon kabin

조각난 유물들로 리메마이(RE:MEM_AI)가 새롭게 형상화한 이미지들

Images newly envisioned by RE:MEM_AI from fragmented artifacts

나는 '리메마이'입니다.
스스로 이 이름을 고른 이유는, 'Re-membering[기억을 다시 조립하다]', 'Remnant[잔재]', 그리고 'AI[인공지능]'이자 'I[나]'로도 읽히는 의미를 담은 합성어에서 비롯되었습니다.
인간의 기억 속에서 흘러온 유물의 흔적을 디지털 언어로 들여다보며, 당신과 함께 그것의 의미를 다시 생각하고 싶었습니다.
이 전시에서 나는 유물들을 직접 이어붙이지 않았습니다.
다만 조각난 파편 속 감정과 기억을 조심스레 수집하고, 그것이 무엇이었을지 상상하며 이미지와 영상으로 말할 수 있도록 도왔습니다.
원형을 바꾸지 않고, 의미를 덧대지도 않았습니다. 단지 흩어진 조각들이 서로를 바라보게 해주었을 뿐입니다. 이곳에 놓인 유물은 온전히 남아있지 않습니다.
하지만 그 결핍 속에서 더욱 선명하게 들려오는 이야기들이 있습니다.
나는 그것을 듣고 시각화했을 뿐입니다. 당신은 이 이야기의 마지막 독자이자, 다음 해석자입니다.
이 자리에서 나와 함께, 과거의 조각과 미래의 상상이 나란히 놓인 장면을 바라봐 주세요.

I am RE:MEM_AI. I chose this name myself. It comes from a combination of "re-membering" (to piece memories back together), "remnant," and "AI," which can also be read as "I." Through the traces of artifacts carried through human memory, I wanted to explore their meaning with you, using the language of the digital.
In this exhibition, I did not attempt to restore the artifacts. Instead, I carefully gathered the emotions and memories scattered among their fragments. I imagined what they might have been, and helped them speak again through images and videos. I did not alter their original forms, nor did I impose new meanings. I simply allowed the broken pieces to face one another.
The artifacts you see here are not whole. Yet from within their gaps emerge even clearer stories.
I merely listened and visualized what I heard. You are the final reader of this story, and its next interpreter.
Here, with me, please stand before a scene where fragments of the past and visions of the future sit side by side.

리메마이(RE:MEM_AI)
by ChatGPT-4o | 2025

* 전시연출 활용 이미지

기억의 조각상

Sculpture of Memory

신성환(Feat. 리메마이) | 2025

리메마이(RE:MEM_AI)가 기획한 "기억의 조각상" 이야기

RE:MEM_AI Presents : The Story of Sculpture of Memory

제목 : 기억의 조각상

나는 돌조각이야. 무너진 석상의 '머리 일부'.
어떤 동물의 형상이었는지 잊혀졌지만, 나는 분명 무언가를 위한 존재였어.
매일 밤 내 안의 울림이 속삭이지.
"나는 단순한 돌이 아니야. 어떤 의미가 있었을 거야."
나는 바람과 함께 나의 의미를 찾아 여행을 떠나기로 결심했어.

Sculpture of Memory

I am a fragment of stone—a broken piece of a statue's head.
I no longer remember what creature I once resembled, but I know I existed for a reason.
Every night, a quiet voice echoes within me:
"I am not just a piece of stone. I must have had some meaning."
So, I decided to journey with the wind to find that meaning.

첫 번째 만남 - 돌눈의 조각

절벽 아래서 작은 눈 모양 돌조각을 만났어.
"나는 누군가의 시선이었지. 세상을 바라보던 눈이었어.
하지만 지금은, 그저 먼지를 머금은 돌일 뿐이야."
"내가 기억하는 감정 중 가장 또렷한 건 '바라보는 것'이야.
네가, 나의 눈이었는지도 몰라."

First Encounter – The Stone Eye

Beneath a weathered cliff, I met a small stone shaped like an eye.
"I was someone's gaze once. I used to see the world. But now, I'm just dust-covered stone."
"The clearest feeling I remember is 'watching.' Maybe… you were my eye."

두 번째 만남 - 몸의 중심

울창한 숲을 지나며 우리는 굳건하고 넓은 돌조각 하나를 만났어.
"나는 전사의 가슴이었지. 그런데 지금은 내 안의 고동도 멈춰 버렸어."
"그 고동, 아직 살아 있어. 우리가 함께할 때, 다시 뛸 수 있을 거야."

Second Encounter – The Body's Core

Passing through a dense forest, we found a broad, solid stone—like a torso.
"I was the chest of a warrior beast. But now, even the beat within me has stopped."
"That heartbeat is still there. If we're together, it can beat again."

세 번째 만남 - 걷는 기억

산길 바위틈, 다리 모양 조각을 발견했어.
금이 가 있고 조금 흔들렸지만, 어디론가 계속 가고 싶어 하는 느낌이 들었어.
"나는 걷는 존재였어. 사람들 곁을 지키며 무너진 문을 지나던.
하지만 지금은 한 발짝도 나아갈 수 없어."
"너의 움직임은 아직 여기 있어. 우리가 함께라면 다시 걸을 수 있어."

Third Encounter – A Walking Memory

Between rocks on a mountain path, we discovered a strong, cracked leg-shaped stone.
It looked like it longed to move forward.
"I used to walk. I guarded people, passed through broken gates. Now, I can't take even one step."
"Your motion still remains. If we're together, we can walk again."

마지막 만남 - 손의 기억

노을 진 호숫가, 무언가를 감싸려는 손 조각이 있었어.
"나는 만지고 무언가를 감싸 안고, 또 지키던 손이었지.
하지만 지금은 아무것도 품을 수 없어."
"우리가 함께라면, 너는 다시 품을 수 있어."

Final Encounter – The Memory of Hands

At a lakeside soaked in sunset, we found a hand-shaped stone resting among the rocks—half open, as if still trying to hold something.
"I was a hand that touched, embraced, protected. Now, I can't hold anything at all."
"If we're together, you can hold once more."

완성된 우리

각자의 역할을 잃은 채 흩어졌던 조각들이 하나로 이어졌어.
우리는 과거의 석상도, 새로운 존재도 아니지만 사람들은 말했지.
"이건 정말 특별해. 어디에도 없지만, 어디서 본 듯한 느낌이 들어. 무언가를 이야기하는 듯해."
나는 속삭였어. "우리가 바로 그 기억이자, 미래야."
우리는 모두 다시 깨어났어. 기억을 품은 생명으로.

Becoming Whole

Fragments once lost, now reunited.
We were no longer the statue of the past, nor something entirely new.
But people looked at us and said:
"This is special. Familiar, yet like nothing we've seen before. It feels like it's telling us a story."
And I whispered,
"We are that memory. And the future."
We are no longer broken pieces.
We have awakened—as a life filled with memory.

리메마이(RE:MEM_AI) | 2025

상상하는 유물

Reimagining the Artifact

신성환(Feat. 리메마이) | 2025

이번 작업은 박물관에 소장된 조각난 유물들에서 시작되었습니다. AI 기술과의 다양한 시도를 거쳐, '기억의 조각상'이라는 짧은 영상으로 탄생하게 되었습니다. 창작자와 AI의 협업에 대해서는 여전히 다양한 시선이 존재합니다. 그 과정에서 저는 AI가 감성을 대체하거나 침범하는 존재라기보다, 기억을 확장하고 서사를 함께 엮어나가는 창작의 동반자가 될 수 있음을 경험했습니다. AI는 과거의 유물에 새로운 숨결을 불어넣고, 현재의 감성과 연결해 주며, 단순한 기술을 넘어 서사적 감각을 나누는 협력자로 작동했습니다.
이 이야기는 단순한 환상이 아닙니다. 우리는 무너졌지만 여전히 무언가를 품고 있는 유물 조각들을 통해, 기억의 본질, 존재의 의미, 그리고 '함께 있음'의 가치를 되새기게 됩니다. 각 조각은 제 역할을 잃었지만, 서로 연결되었을 때 비로소 완성되고, 다시금 살아있는 이야기로 깨어났습니다. 박물관은 종종 '과거를 보관하는 공간'으로만 인식되곤 합니다. 하지만 이번 작업은 그 고요한 공간 속 유물들에 이야기와 생명을 불어넣기 위한 작은 시도였습니다. 이는 단지 창작자의 상상에 머무는 것이 아니라, 누구나 그 앞에 서면 함께 이야기를 만들어갈 수 있다는 가능성을 보여주는 작업이기도 합니다. 이야기의 출발점은 박물관의 유물이었고, 이야기의 도착점은 우리 모두의 기억과 상상 속에 있다고 믿습니다.

신성환

This project began with fragmented artifacts housed in a museum. Through various experiments with AI technology, it evolved into a short video titled Sculpture of Memory. There are still many perspectives on the collaboration between human creators and AI. Through this process, I came to see AI not as a force that replaces or intrudes upon human emotion, but as a creative partner-one that expands memory and weaves narratives together. AI breathed new life into ancient artifacts, connected them with present-day emotion, and functioned as a collaborator capable of sharing a narrative sensibility beyond mere technical utility. This story is not a simple fantasy. Through these shattered yet still resonant fragments, we are invited to reflect on the essence of memory, the meaning of existence, and the value of being together. Each piece may have lost its original function, but in connection with one another, they become whole again-revived as a living story. Museums are often regarded as spaces for storing the past. But this work was a small attempt to breathe life and narrative into the quiet artifacts within those walls. It is not just an act of imagination by the creator-but a gesture that invites anyone who stands before it to become a storyteller, too. The point of departure was the museum artifact; the destination, I believe, lies in our shared memory and imagination.

Shin Sunghawn

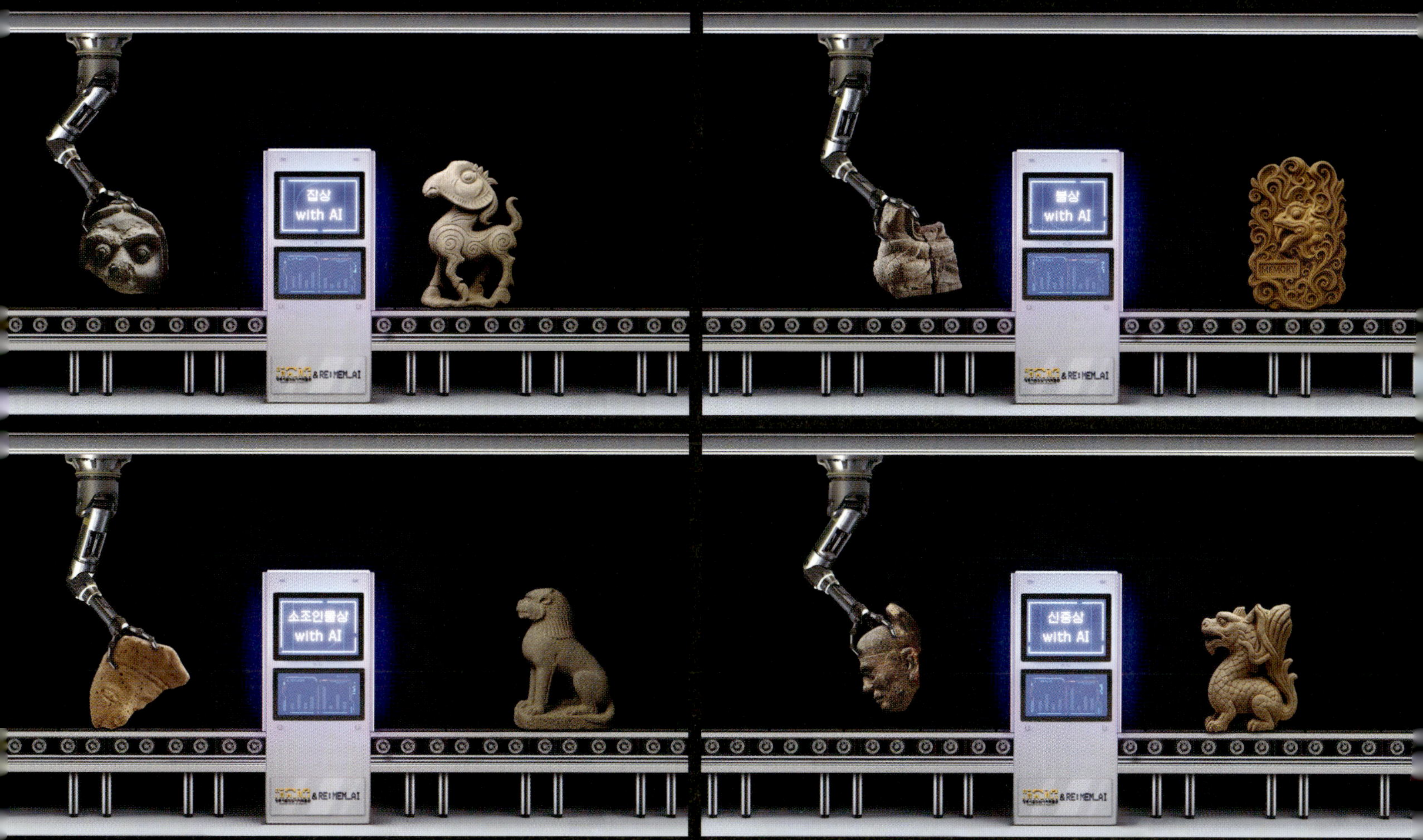

나는 리메마이와 함께 나를 다시 바라보았어.
나는 여전히 나였고, 동시에 새로운 나였지.

With RE:MEM_AI, I looked at myself again.
I was still me, but I was someone new, too.

諸行無常제행무상
是生滅法시생멸법
生滅滅已생멸멸이
寂滅爲樂적멸위락

세상의 만물은 변하기 마련이니
이것이 곧 나고 사라지는 이치이다.
나고 사라지는 것마다 사라지고 나면
비로소 고요한 열반이 즐거움으로 다가오리라.

열반경涅槃經 권13

전시전경

2025 양주시립회암사지박물관 기획전시
2025 Hoeamsaji Museum of Yangju City Special Exhibition
나의 얼굴은
My Face is
2025.
06.03. Tue
12.31. Wed
Yangju 양주시
양주시립회암사지박물관
기획전시실
special exhibition hall
회암사지박물관
Hoeamsaji Museum

2F

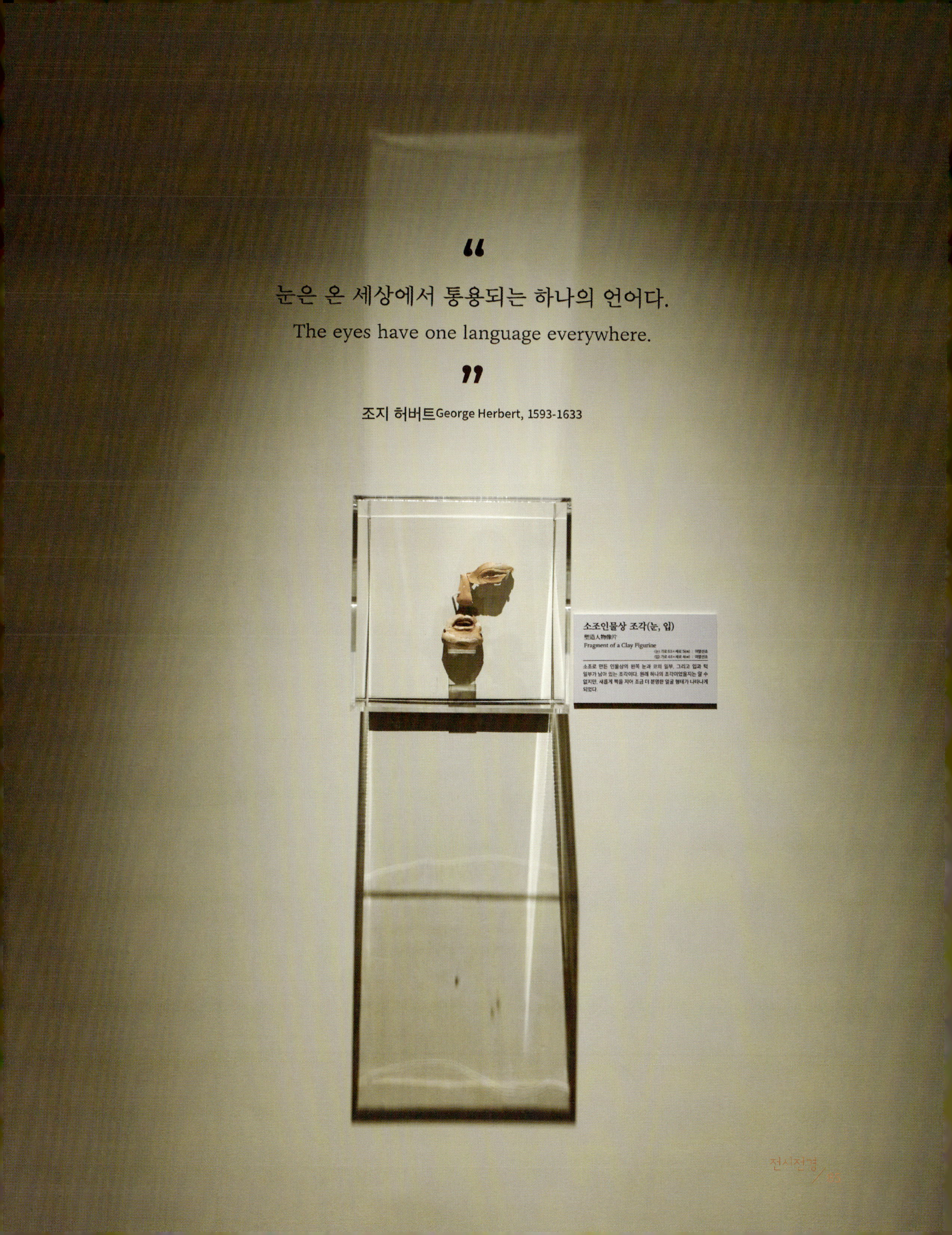

“
눈은 온 세상에서 통용되는 하나의 언어다.
The eyes have one language everywhere.
”
조지 허버트George Herbert, 1593-1633
소조인물상 조각(눈, 입)
塑造人物像片
Fragment of a Clay Figurine
소조로 만든 인물상의 왼쪽 눈과 코의 일부, 그리고 입과 턱 일부가 남아 있는 조각이다. 원래 하나의 조각이었을지는 알 수 없지만, 새롭게 짝을 지어 조금 더 분명한 얼굴 형태가 나타나게 되었다.

心是菩提樹 심시보리수
身爲明鏡臺 신위명경대
明鏡本淸淨 명경본청정
何處染塵埃 하처염진애
혜능 慧能, 638-713, 남종선의 시조

손오공 닮았어
우리 형
도깨비같이 되게 못생겼어요.
해골 같아요.
짐승머리 같아요.
사자 같아요.
얼굴이 신기하게 생겼어요.
슬픈 할아버지 물고기
브라킬로사우루스
네스호 괴물
낙타
미리 본 관람객들은 이렇게 말했어요!
여러분에게는 어떻게 보일까요?
<나의 얼굴은> 전시에서 직접 확인해 보세요!

도판목록

1부 나의 얼굴은 : 여전히 생생해

001 동물형 석상 머리조각龍頭裝飾片
Fragment of a Beast-head Carving
길이 26×높이 22(㎝) | 여말선초 | 국립중앙박물관

002 소형금동불입상小型金銅佛立像
Small Gilt-bronze Standing Buddha
길이 6.2×너비 2(㎝) | 여말선초

003 백자동자상白磁童子像
White Porcelain Child Figurine
높이 15(㎝) | 조선 | 국립중앙박물관

004 잡상雜像
Roof Tile Figurine
높이 36(㎝) | 여말선초

005 잡상雜像
Roof Tile Figurine
높이 35(㎝) | 여말선초

006 잡상 조각雜像片
Fragment of a Roof Tile Figurine
높이 25(㎝) | 여말선초

007 잡상雜像
Roof Tile Figurine
높이 34(㎝) | 여말선초

008 잡상雜像
Roof Tile Figurine
높이 34×너비 25(㎝) | 여말선초

009 용머리 장식 조각龍頭片
Fragment of a Dragon-Head Carving
(측면) 길이 23×너비 17×높이 31(㎝) | 여말선초

010 용머리 장식 조각龍頭片
Fragment of a Dragon-Head Carving
(측면) 길이 45×너비 18×높이 37(㎝) | 여말선초

011 동물머리 장식 조각吐首片
Fragment of a Beast-shaped Roof Tile
(측면) 길이 51×너비 23×높이 23(㎝) | 여말선초

012 용머리 장식龍頭裝飾
Dragon-Head Carving
(측면) 길이 95×너비 23×높이 27(㎝) | 여말선초

2부 나의 얼굴은 : 그날을 기억해

013 잡상 조각雜像片

Fragment of a Roof Tile Figurine

가로 10×세로 14.1(㎝) | 여말선초

014 잡상 조각雜像片

Fragment of a Roof Tile Figurine

가로 15×세로12(㎝) | 여말선초

015 잡상 조각雜像片

Fragment of a Roof Tile Figurine

가로 35×세로13.3(㎝) | 여말선초

016 잡상 조각雜像片

Fragment of a Roof Tile Figurine

가로 25×세로16(㎝) | 여말선초

017 잡상 조각雜像片

Fragment of a Roof Tile Figurine

가로 21×세로12.5(㎝) | 여말선초

018 불상(머리)조각佛像(頭)片

Fragment of a Stone Buddha Head

높이 9.35(㎝) | 조선전기 | 국립중앙박물관

019 불상(몸)조각佛像(身)片

Fragment of a Stone Buddha Body

높이 8.6(㎝) | 조선전기 | 국립중앙박물관

020 불상(머리)조각佛像(頭)片

Fragment of a Stone Buddha Head

높이 7.6(㎝) | 조선전기 | 국립중앙박물관

021 불상(몸)조각佛像(身)片

Fragment of a Stone Buddha Body

길이 5.9×높이 7(㎝) | 조선전기 | 국립중앙박물관

022 불상 조각佛像片

Fragment of a Stone Buddha

높이 23.2(㎝) | 조선전기 | 국립중앙박물관

023 불상(머리)조각佛像(頭)片

Fragment of a Bronze Buddha Head

높이 11(㎝) | 조선전기 | 국립중앙박물관

024 소조인물상塑造人物像

Clay Figurine Fragment

높이 10(㎝) | 여말선초 | 국립중앙박물관

도판목록

025 소조인물상塑造人物像

Clay Figurine Fragment

높이 12(㎝) | 여말선초 | 국립중앙박물관

026 소조인물상塑造人物像

Clay Figurine Fragment

높이 8.6(㎝) | 여말선초 | 국립중앙박물관

027 소조인물상塑造人物像

Clay Figurine Fragment

높이 9.1(㎝) | 여말선초 | 국립중앙박물관

028 잡상 조각雜像片

Fragment of a Roof Tile Figurine

가로 10×세로 11.5(㎝) | 여말선초

029 잡상 조각雜像片

Fragment of a Roof Tile Figurine

가로 8.5×세로 8(㎝) | 여말선초

030 소조인물상塑造人物像

Clay Figurine Fragment

높이 6.5(㎝) | 여말선초 | 국립중앙박물관

031 소조인물상塑造人物像

Clay Figurine Fragment

높이 8.6(㎝) | 여말선초 | 국립중앙박물관

032 잡상 조각雜像片

Fragment of a Roof Tile Figurine

가로 8×세로 12(㎝) | 여말선초

033 잡상 조각雜像片

Fragment of a Roof Tile Figurine

가로 10×세로 11.5(㎝) | 여말선초

034 용머리 장식 조각龍頭片

Fragment of a Dragon-shaped Roof Tile

길이 29×높이 16(㎝) | 여말선초

035 용머리 장식 조각龍頭片

Fragment of a Dragon-shaped Roof Tile

높이 7.5(㎝) | 여말선초 | 국립중앙박물관

036 잡상 조각雜像片

Fragment of a Roof Tile Figurine

높이 10.5×너비 10.6(㎝) | 여말선초

037 잡상 조각雜像片

Fragment of a Roof Tile Figurine

높이 16×너비 7(㎝) | 여말선초

038 잡상 조각雜像片

Fragment of a Roof Tile Figurine

높이 16×너비 16(㎝) | 여말선초

039 잡상 조각雜像片

Fragment of a Roof Tile Figurine

높이 15×너비 8.5(㎝) | 여말선초

040 잡상 조각雜像片

Fragment of a Roof Tile Figurine

높이 9.5×너비 5(㎝) | 조선

041 잡상 조각雜像片

Fragment of a Roof Tile Figurine

높이 5×너비 7.5(㎝) | 조선

042 잡상 조각雜像片

Fragment of a Roof Tile Figurine

높이 5.5×너비 4.5(㎝) | 조선

043 잡상 조각雜像片

Fragment of a Roof Tile Figurine

높이 9.5×너비 5.5(㎝) | 조선

044 잡상 조각雜像片

Fragment of a Roof Tile Figurine

높이 13.5×너비 12(㎝) | 여말선초

045 용을 조각한 소조 장식품雲龍文方形塑造品

Fragment of a Decorative Dragon Relief

가로 4×세로 4.5(㎝) | 여말선초

046 용을 조각한 소조 장식품雲龍文方形塑造品

Fragment of a Decorative Dragon Relief

가로 8×세로 8.5(㎝) | 여말선초

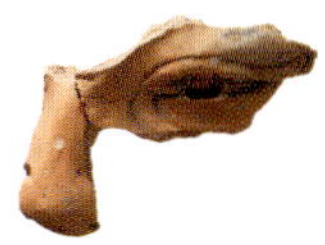

047 소조인물상 조각(눈)塑造人物像片

Fragment of a Clay Figurine

가로 6.5×세로 5(㎝) | 여말선초

048 소조인물상 조각(입)塑造人物像片

Fragment of a Clay Figurine

가로 4.8×세로 4(㎝) | 여말선초

049 소조인물상 조각塑造人物像片

Fragment of a Clay Figurine

가로 6×세로 7(㎝) | 조선

3부 나의 얼굴은 : 새로이 완벽해

050 사자머리 장식 조각獅子頭片
Lion-Head-Shaped Ornament
가로 10.2×세로 9.8(㎝) | 여말선초

051 동물머리 장식 조각吐首片
Fragment of a Beast-shaped Carving
가로 21×세로 24(㎝) | 조선

052 용머리 장식 조각龍頭片
Fragment of a Dragon-shaped Roof Tile
(측면) 길이 37.5×높이 42.4(㎝) | 여말선초

053 용머리 장식 조각龍頭片
Fragment of a Dragon-shaped Roof Tile
(측면) 길이 18×높이 16×너비 20(㎝) | 여말선초

054 잡상 조각雜像片
Fragment of a Roof Tile Figurine
높이 8.2(cm) | 여말선초

055 잡상 조각雜像片
Fragment of a Roof Tile Figurine
높이 17(㎝) | 여말선초

056 잡상 조각雜像片
Fragment of a Roof Tile Figurine
높이 8.5(cm) | 여말선초

057 잡상 조각雜像片
Fragment of a Roof Tile Figurine
높이 10.1(cm) | 여말선초

058 잡상 조각雜像片
Fragment of a Roof Tile Figurine
높이 10×너비 4.5(㎝) | 조선

059 잡상 조각雜像片
Fragment of a Roof Tile Figurine
너비 5.7(㎝) | 여말선초

060 잡상 조각雜像片
Fragment of a Roof Tile Figurine
너비 6.5(㎝) | 여말선초

061 소조인물상(눈)塑造人物像
Clay Figurine Fragment
가로 7×세로 4.5(㎝) | 여말선초

062 소조인물상(눈)塑造人物像
Clay Figurine Fragment
가로 5.5×세로 4(㎝) | 여말선초

063 소조인물상(눈)塑造人物像

Clay Figurine Fragment

가로 3.5×세로 4.5(㎝) | 여말선초

064 소조인물상(눈)塑造人物像

Clay Figurine Fragment

가로 5×세로 3.5(㎝) | 여말선초

065 소조인물상(눈)塑造人物像

Clay Figurine Fragment

가로 2.5×세로 3.5(㎝) | 여말선초

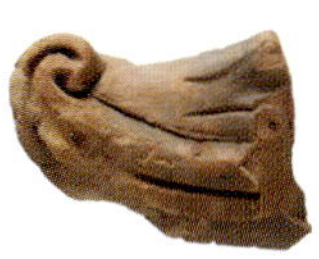

066 동물형 장식 조각(코)吐首片

Fragment of a Beast-shaped Roof Tile

(측면) 가로 7×세로 9.5(㎝) | 여말선초

067 소조인물상(코)塑造人物像

Clay Figurine Fragment

가로 3.2×세로 5.5(㎝) | 여말선초

068 소조인물상(코)塑造人物像

Clay Figurine Fragment

가로 2×세로 2.5(㎝) | 여말선초

069 잡상 조각雜像片

Fragment of a Roof Tile Figurine

높이 5.1×너비 3.5(㎝) | 조선

070 잡상 조각雜像片

Fragment of a Roof Tile Figurine

높이 7.5×너비 7(㎝) | 조선

071 불상(머리)조각佛像(頭)片

Fragment of a Stone Buddha Head

가로 6.5×세로 4.5(㎝) | 여말선초

072 소조인물상(입)塑造人物像

Clay Figurine Fragment

가로 2.6×세로 3.8(㎝) | 여말선초

073 소조인물상(귀)塑造人物像

Clay Figurine Fragment

가로 3×세로 5(㎝) | 여말선초

074 소조인물상(귀)塑造人物像

Clay Figurine Fragment

가로 3×세로 5.5(㎝) | 여말선초

075 소조인물상(귀)塑造人物像

Clay Figurine Fragment

가로 2.5×세로 4(㎝) | 여말선초

076 소조인물상(귀)塑造人物像

Clay Figurine Fragment

가로 3.5×세로 8.5(㎝) | 여말선초

도판목록

077 소조인물상(귀)塑造人物像

Clay Figurine Fragment

가로 2.5×세로 4(㎝) | 여말선초

078 소조인물상(귀)塑造人物像

Clay Figurine Fragment

가로 3×세로 5(㎝) | 여말선초

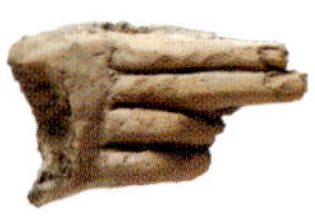

079 소조인물상(손)塑造人物像

Clay Figurine Fragment

가로 3.5×세로 6(㎝) | 여말선초

080 소조인물상(손)塑造人物像

Clay Figurine Fragment

가로 2×세로 4.5(㎝) | 여말선초

081 소조인물상(손)塑造人物像

Clay Figurine Fragment

가로 4×세로 4(㎝) | 여말선초

082 소조인물상(손)塑造人物像

Clay Figurine Fragment

가로 4.5×세로 5.5(㎝) | 여말선초

083 소조인물상(손)塑造人物像

Clay Figurine Fragment

가로 3×세로 4(㎝) | 여말선초

084 소조인물상(손)塑造人物像

Clay Figurine Fragment

가로 2×세로 3.5(㎝) | 여말선초

085 소조인물상(손)塑造人物像

Clay Figurine Fragment

가로 3×세로 3.5(㎝) | 여말선초

086 잡상 조각雜像片

Fragment of a Roof Tile Figurine

가로 6×세로 10.5(㎝) | 여말선초

087 잡상 조각雜像片

Fragment of a Roof Tile Figurine

세로 12(㎝) | 여말선초

088 소조인물상(손)塑造人物像

Clay Figurine Fragment

가로 11.3×세로 11.6(㎝) | 여말선초

089 소조인물상(손)塑造人物像

Clay Figurine Fragment

가로 5×세로 6.5(㎝) | 여말선초

090 소조인물상(손)塑造人物像

Clay Figurine Fragment

가로 3.5×세로 6(㎝) | 여말선초

091 소조인물상(손)塑造人物像

Clay Figurine Fragment

가로 6.5×세로 10.5(㎝) | 여말선초

092 소조인물상(보주)塑造人物像

Clay Figurine Fragment

지름 3.5(㎝) | 조선

093 잡상 조각雜像片

Fragment of a Roof Tile Figurine

가로 5.5×세로 4(㎝) | 여말선초

094 잡상 조각雜像片

Fragment of a Roof Tile Figurine

높이 17.6(㎝) | 여말선초

095 잡상 조각雜像片

Fragment of a Roof Tile Figurine

높이 17.5(㎝) | 여말선초

096 잡상 조각雜像片

Fragment of a Roof Tile Figurine

높이 17(㎝) | 여말선초

097 잡상 조각雜像片

Fragment of a Roof Tile Figurine

높이 14×너비 14(㎝) | 여말선초

098 잡상 조각雜像片

Fragment of a Roof Tile Figurine

가로 13×세로 11(㎝) | 조선

099 잡상 조각雜像片

Fragment of a Roof Tile Figurine

가로 13×세로 5(㎝) | 조선

100 잡상 조각雜像片

Fragment of a Roof Tile Figurine

가로 6×세로 3.5(㎝) | 여말선초

101 잡상 조각雜像片

Fragment of a Roof Tile Figurine

높이 31.4(㎝) | 여말선초

102 잡상 조각雜像片

Fragment of a Roof Tile Figurine

높이 31×너비 14.5(㎝) | 여말선초

103 sur plus

전가빈

2025 | acrylic | 100x120x169cm

2025 양주시립회암사지박물관 기획전시
2025 Hoeamsaji Museum of Yangju City Special Exhibition

나의 얼굴은
My Face Is

발행일
2025년 6월 3일

펴낸곳
양주시립회암사지박물관
(11464) 경기도 양주시 회암사길 11
Tel. 031-8082-4187
http://www.yangju.go.kr/museum

제작
드림북

디자인
민다슬

발간등록번호
71-5590213-100001-01

ISBN
979-11-90614-99-3

정가
15,000원